Rossella Pescante - Katia Vellucci

Proteggersi con la
Difesa Personale Israeliana

KRAV MAGA - KAPAP

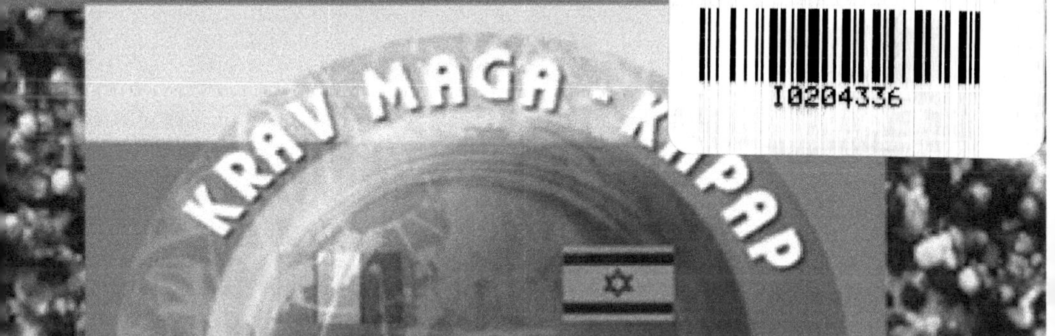

BOOK
SPRINT
EDIZIONI

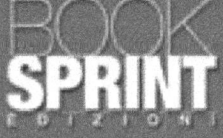

**Proteggersi
con la
Difesa Personale Israeliana**

KRAV MAGA - KAPAP

Rossella Pescante - Katia Vellucci

Proteggersi con la Difesa Personale Israeliana

KRAV MAGA - KAPAP

www.booksprintedizioni.it

Copyright © 2012
Rossella Pescante - Katia Vellucci
Tutti i diritti riservati

*Impegnarsi nello studio dell'autodifesa
porterà sicuramente ad affrontare
in primo luogo se stessi
divenendo consapevoli della propria forza
e di ciò che abita nella parte più profonda
e sconosciuta della nostra psiche.
Non sarà usare la violenza,
ma la determinazione
e la volontà nelle situazioni
che ci troveremo ad affrontare.*

Psicologia del Krav Maga

Indice

Premessa	pag. 11
Cenni storici del Krav Maga	pag. 13
1. SELF DEFENCE	pag. 17
1.1. Educazione alla difesa Personale	pag. 17
2. LE REGOLE SOCIALI	pag. 23
2.1. Correttezza, moralità ed autocontrollo	pag. 23
3. L'AGGRESSORE	pag. 26
3.1. La psiche dell'aggressore	pag. 28
3.2. I reali aggressori	pag. 31
3.3. Cause dell'aggressione	pag. 34
3.4. Aggressione: Gli espedienti	pag. 37
3.5. Area temporale dell'aggressione: Reazione corporale	pag. 41
4. IL DOMINIO DELLE EMOZIONI	pag. 49
5. ANTIAGGRESSIONE FEMMINILE	pag. 57
6. TIPOLOGIA DEGLI STUPRATORI	pag. 62
7. ISTRUZIONI FONDAMENTALI	pag. 65

Appendice:
    Codice di moralità   pag. 76
    Biografie   pag. 78
    Sito Internet   pag. 80

Premessa

La difesa personale esordisce con due teorie di repere:
- condizione educativa all'equilibrio preparatorio;
- funge unicamente per difesa e giammai per offesa.

Le discipline dedicate al perfezionamento della difesa personale sono molteplici.

Si focalizzano:
- formazione di tecniche dirette di autodifesa;
- formazione analitica del preciso comportamento psichico;
- padronanza del panico.

Le metodiche di difesa dalle violenze corporali sono molte e mutano da cultura a cultura.

Ogni insegnamento divulgato in questa Scuola è incentrato sulla semplicità di eseguire e determinarne l'efficacia.

È basilare che un sistema di difesa si memorizzi negli atti fisici di chi lo espleta, peraltro deve essere concretizzato con semplicità; il metodo non deve essere meditato, ma essere attuato, come se il fisico rispondesse ad uno stimolo spontaneo.

Prevenire è teoricamente essenziale nell'autodifesa e per questo motivo si studiano vari metodi: è utile ad evitare futili occasioni di pericolo personali. L'aforisma "prevenire è meglio che curare" può essere utilizzato altresì in tale contesto.

Cenni storici del Krav Maga[1]

Imre Emerich Lichtenfeld, noto come Imi (nome ebraico Imi Sde-Or) (Budapest, 26 maggio 1910 – Netanya, 9 gennaio 1998), è stato un artista marziale e militare cecoslovacco, noto per essere stato il fondatore del metodo di combattimento e autodifesa Krav Maga. Imi nacque a Budapest, in una famiglia ebraico-ungherese e crebbe a Bratislava (a quel tempo chiamata Pozsony). Suo padre, Samuel, era un lottatore acrobata in un circo ed, in seguito, ispettore capo di un dipartimento investigativo della Polizia. Sin da piccolo si mostrò una persona polivalente e, grazie al padre, Imi si appassionò all'arte circense (a 13 anni entrò a far parte di un circo itinerante), al nuoto e agli sport da combattimento, praticando boxe e wrestling, ove ottenne notevoli risultati (nel 1928 vinse il campionato giovanile di lotta in Cecoslovacchia e nel 1929

---
[1] Storia del Krav Maga e foto di Imre da: wikipedia

fu campione nazionale di lotta nella categoria Seniores e campione internazionale di pugilato). Esercitò anche ginnastica acrobatica, arti marziali, come judo e jujitsu, e partecipò a vari spettacoli teatrali, dedicandosi all'arte drammatica. Negli anni trenta, le persecuzioni naziste contro la popolazione ebraica di Bratislava imperversarono rapidamente e Lichtenfeld, assieme ad altri lottatori della sua estrazione etnica, si impegnò nell'arte di affrontare gli aggressori. Fu proprio questa esperienza a far capire ad Imi che la lotta di strada è una situazione ben diversa dal confronto sportivo e, in base alla pratica di questa disciplina, iniziò a sviluppare un proprio sistema di combattimento, adatto per affrontare i pericoli della vita quotidiana. Nel 1940 Imi, a seguito dell'occupazione nazista nella Cecoslovacchia, fu costretto a fuggire assieme ad altri amici in Palestina. In quest'ultima località Lichtenfeld iniziò ad insegnare il suo metodo ai reparti del Haganah e del Palmach. Dopo la nascita dello stato di Israele nel 1948, divenne istruttore capo per l'addestramento fisico delle Forze di Difesa Israeliane. Proprio in questo periodo, Lichtenfeld, grazie alle sue esperienze di lotta maturate sia nelle competizioni sportive che per la strada, introdusse un sistema efficace che, allo stesso tempo, poteva essere appreso in breve tempo: il Krav Maga. Dopo essersi ritirato dal servizio militare nel 1964, Imi iniziò ad adottare il Krav Maga come metodo di difesa personale, estendendolo anche alle forze di Polizia ed ai civili, a persone di ambo i sessi e di qualsiasi età. Per diffondere la sua disciplina, fece istituire due scuole a Tel Aviv e a Netanya, la città dove viveva. Nel corso degli anni, vennero aperte sempre più scuole di Krav Maga, in modo da diffonderlo in tutto il mondo. Nel 1978, Lichtenfeld istituì la I.K.M.A. (Israeli Krav Maga Association), la quale, a sua volta, divulgò questo metodo in Israele e nel mondo. Dopo aver ricevuto numerosi riconoscimenti, Imi si spense a Netanya il 9 gennaio 1998.

Imre Emerich Lichtenfeld

1. SELF-DEFENCE

1.1. Educazione alla difesa personale

La formazione culturale, la condizione di vita, le norme della società civile, disciplinano le contese della società umana escludendo ogni esercizio conflittuale corporale.

A dispetto di ciò, si assiste, scettici, a brutalità efferate perpetrate ai danni degli indifesi ed inermi, pubblicizzate ogni santo giorno dai quotidiani, radio e televisione.

Protezione migliore è evitare lo scontro, con modi e maniere che si imparano tra le mura di casa e si suggellano frequentando una scuola di difesa personale.

Questo insegnerà, innanzitutto, i modi per far scemare un alterco con parole, oculatezza e fermezza, di far scivolare ogni probabile contatto rischioso; s'impara che la prevenzione e, in ultima analisi, la fuga, sono le ipotesi migliori per difendersi e a memoria conduce sempre che un'aggressione equivale a brutalità e rischio.

Tale comportamento a volte non è permesso e in definite occasioni non resta che capitolare o tentare una reazione determinante.

La propria condotta e quella degli altri, in alcuni momenti è fatta di carità, semplicità, stupore, panico e talvolta, sfortunatamente, di ignoranza e di misconoscimento del rischio.

Da qui, il bisogno di un aiuto concreto, particolare, da parte della scuola israeliana di difesa personale, ad impartire ed indottrinare una distinta educazione addestrativa, specifica nel settore, che aiuti a fronteggiare con serena distensione quelle situazioni ostili.

È utile, in quei frangenti che potrebbero evolversi in maggiori rischi, giungere ad avere una formazione particolare che aiuti a togliere ogni dubbio sui limiti di ognuno, sino ai quali è permesso avventurarsi.

Le lezioni di formazione educativa alla difesa personale non sono determinate con lo scopo di creare degli esseri violenti o eccezionali abili nelle arti mortali.

Lo scopo ultimo è indottrinare informazioni teoriche e pratiche per costruire insieme una solida coscienza, e nelle circostanze esasperate, realizzare, altresì, un unico varco utile per non rimanere senza difesa. La fase delle informazioni pratiche ha un doppio bersaglio: impartire lezioni calibrate con abilità essenziali ed adeguate per fronteggiare un'opportunità di rischio ed apprendere con convinzione quanto l'insegnamento può divenire, se seguito con conformità di esecuzione, abbastanza fattivo ed efficiente. Le tecniche che si portano a cognizione sviluppano una coscienza *ad personam* che renderà il discente più attento e riflessivo nel momento in cui si imbatte nell'esigenza di prendere una decisione e tentare ogni risorsa per scemare una disputa o giungere all'impatto personale. L'audacia non ha ugual grandezza con la potenza o con l'aggressività, i criteri sono assai discordanti e prevalgono certamente l'intelligenza e la saggezza. L'intrepido misura copiosamente sul talento acquisito, ma fa uso della potenza e dell'ardore come definitiva circostanza. Raggiungere un buona qualità nell'utilizzare i metodi di difesa personale non vuol dire unicamente aver assimilato la capacità e l'abilità di una sequenza di tecniche con le quali riuscire ad arginare un'aggressione, vuol dire anche acquisire una fermezza, decisiva ad evitare che la contesa si tramuti in un impatto fisico.

Proteggersi vuol dire ridurre all'apogeo i nocumenti di un evento aggressivo.

Il fine dell'addestramento è quello di acquisire padronanza nelle tecniche in modo tale che il discente utilizzi l'impatto personale come estrema opzione, e nel momento in cui partecipi all'evento, perché c'è stato un fallimento nella globalità delle alternative.

È risaputo che ogni qualvolta che si realizza un'aggressione, si percepisce la consapevolezza e la responsabilità del dramma.

Perciò bisogna tentare perennemente e regolarmente di aggirarla.

Esistono due avvertenze basilari da mantenere sempre vive nella propria memoria:

- un'aggressione è un'atmosfera critica che va assolutamente disattesa in ogni modo;

- non vi sono regole sicure o una condotta eccezionale che possano immunizzarci perennemente.

Nello scontro, nell'impeto di un attacco, da qualsiasi ordine provenga, nulla è presumibile e calcolato, peraltro null'altro concede di metterci in sicurezza. Stando così le cose, è palese che un individuo addestrato alla difesa personale, ha più probabilità di ottenere un'uscita indenne dall'aggressione.

È opportuno ripetere all'infinito, che bisogna eludere in qualsiasi modo lo scontro, ma se obbligati, la reazione dovrà essere quella di colpire con velocità, forza e determinazione. Queste tre caratteristiche sono basilari in un addestramento formale e senza tale metodologia comprometterebbe la dipartita.

Una formazione delle tecniche esercitata con superficialità causerebbe più danni che utilità, in quanto apporterebbe ad un'elevata ed inesistente dimestichezza del proprio talento. Nell'addestramento si richiedono l'assiduità e l'energia, bisogna esaminare la finezza e l'accrescimento delle tecniche e per fare ciò c'è necessità di disponibilità, carattere e fermezza.

I frutti di tali sforzi e sacrifici, apprezzabili sin dal primo momento, non potranno che meravigliare ed apportare benefici.

Zeni Group di Matera

Master Teacher Alain Formaggiò ed alcuni rappresentanti Asd IPDS

2. LE REGOLE SOCIALI

2.1. Correttezza, moralità ed autocontrollo

Un individuo che trascorre la sua esistenza nella più completa normalità, non si troverebbe mai, toccato da vicino, in circostanze tali da non trovare una soluzione mediante contegni gestiti da regole ritenute congrue dalla società. L'educazione e norme sociali concedono l'espediente ad ogni diatriba mediante autentiche regole di civiltà, onestà e logicità. Esistono in casi di dispute, peraltro, una sequenza di mezzi giuridici che fungono da supporto per la risoluzione del contenzioso. A dispetto di ciò, in alcune situazioni, si altera e si rende opportuno comprendere se sia l'attimo esatto di esercitare la giusta difesa oppure se esiste l'opportunità di ottenere altre alternative. È doveroso comprendere e decidere se la circostanza in cui siamo incappati non lascia scampo che alla difesa;

questa deve essere l'unica condotta credibile. La difesa è regolata da canoni ben precisi. La normativa inderogabile, regolata dal diritto, stabilisce che nessuno ha il potere di arrecare oltraggio ad altri, che violi la norma, che possa infrangere la legge.

L'art. 52 del C.P. prevede infatti che:
- non è punibile chi ha commesso il fatto per esservi stato costretto dalla necessità di difendere un diritto proprio o altrui contro il pericolo attuale di un'offesa ingiusta, sempre che la difesa sia proporzionale all'offesa.

Tecnicamente è difficile riuscire a valutare se la risposta all'offesa è realmente proporzionata, anche perchè la risposta è portata a interrompere e bloccare l'aggressore e per fare ciò l'unica soluzione è "colpire duro" per rendere l'aggressore innocuo. La non punibilità si rifà alla massima latina *"vim vi repellere licet"* (è lecito rispondere alla forza con forza) e la ratio ovvero la ragione, va focalizzata nella superiorità ascritta al *penchant* assalito ingiustamente. Non bisogna, assolutamente, rispondere con atti tesi ad offendere con cattiveria e barbaria chi ci rivolge insulti. In questo frangente la difesa sarebbe sproporzionata all'offesa. Una replica all'azione offensiva si ritiene legittima, quando esiste la necessità di difendersi e non esiste un'altra maniera di evitare il pericolo. Senza addentrarsi in un'analisi di quanto sancito dalla legge è opportuno ricordare che sostenere una legittima difesa è abbastanza complesso. Si richiama alla memoria che è consigliabile cercare alternative che abbiano scopo risolutivo all'impatto corporale.

Controllo di aggressore armato di pistola

3. L'AGGRESSORE

Nel momento in cui adottiamo, in una conversazione, il termine aggressione subito pensiamo a violenza, esercitate a nocumento dell'ambiente femminile con finalità sessuali. Sussistono, peraltro, differenti generi di aggressione che probabilmente si verificano per vari motivi, per esempio per denaro, vendetta o un fattivo intendimento di ledere. Ulteriore futile motivo si ha nel perdere l'orientamento in un diverbio. Non vi sono argomenti che spiegano le cause perché si realizzano episodi di aggressioni. Gli accadimenti del genere si verificano in ogni luogo, nei nuclei familiari, nelle pubbliche vie, negli ambienti lavorativi. Peraltro, non vi sono esclusioni, malgrado si pensi che il fatto accade perentoriamente e unicamente ad altri. Chi soggettivamente compie l'atto di aggredire sprigiona un gesto violento, fisico, paraverbale o psicologico avverso un'altra persona per ottenere un beneficio esclusivo. Di consueto l'attività dell'aggressore, durante il diverbio, si concretizza in una circostanza di convenienza relativamente all'aggredito poiché, oltre che dirigere le proprie intenzioni di compiere il reato di violenza, ha elaborato a priori alcuni significativi elementi essenziali:

- ha centralizzato la vittima;
- ha predisposto quando, dove e come realizzare l'atto criminoso.

Ciò si rappresenta in un progetto premeditato. Mentre la probabile vittima, la patisce all'oscuro di tutto, si renderà conto, solamente, nell'attimo in cui si realizza l'evento ai suoi danni ed ha la priorità assoluta, immediatamente, di replicare con giuste ed efficaci manovre difensive.

Leva ed immobilizzazione

3.1. La psiche dell'aggressore

Praticamente, l'aggressore ha un vantaggio sulla probabile vittima poiché sfrutta il fattore sorpresa del momento.

Fondamentalmente, in uno scontro corpo a corpo, ciò che spiazza è la violenza che sprigiona, innanzitutto, dalla psiche dell'aggressore.

Generalmente, non si ha l'abitudine di combattere per strada, perciò se non si ha una maturità emotiva acquisita con altri metodi, verremo inevitabilmente sopraffatti dalla violenza dell'aggressione, prima ancora del contatto con eventuali pugni o calci.

Non siamo allenati ad avere un controllo sull'adrenalina, sulla paura, sul panico e sul timore di farci male.

E, peraltro, neppure moralmente preparati ad accettare le conseguenze delle nostre azioni.

Quando il temperamento impetuoso non è patologico, può essere certamente dominato e ricondotto alla normalità più facilmente delle fortuiti circostanze che si presentano con aggressori in possesso di personalità di questo genere.

Si possono distinguere ed identificare varie personalità: psicotiche, nevrotiche, aggressive, etc.

Evidenziarne, in questo manuale i tratti salienti, non apporterebbe alcun aiuto agli scopi della tecnica della difesa personale.

È sufficiente conoscere che una condotta aggressiva è difficilmente controllabile e per questo è necessaria una grande attenzione sui comportamenti difensivi, siano essi flessibili che impetuosi.

E se dovesse venire in mente che questo modo di ragionare è deprecabile, basta considerare che la persona che aggredisce fisicamente questo comportamento l'ha geneticamente imparato dalla sua "famiglia"!

Soprattutto l'aggressore è bloccato in un ruolo e si sente sicuro nei suoi schemi (basati, peraltro, sulla nostra incapacità di risposta), ma noi possiamo imparare a cancellare ad identificarci con il ruolo di agnello spaurito e di probabili vittime (questo lo percepisce) e sviluppare le nostre difese.

Possiamo sviluppare una capacità di ricezione tale da eludere gran parte delle aggressioni, spesso una risposta verbale può essere paralizzante e spiazzante.

Per cui, prima di arrivare ad uno scontro fisico, vi sono delle situazioni che vanno affrontate e su cui è possibile interrogarsi.

Dobbiamo prepararci mentalmente e prevedere la possibilità della violenza.

Colpo al viso

Pressione avambraccio

Pressione oculare e gola

3.2. *I reali aggressori*

Un'aggressione è sempre espletata da persone che possiedono un'imponente attitudine all'aggressività ed è tuttora, peraltro, una circostanza di elevata criticità.

Mascalzoni abitudinari
Sono le persone più insidiose perché molto abili, ed è difficoltoso da comprendere, ma nel loro ambito sono degli esperti.

Il nostro vantaggio è quello di capire i loro propositi anticipatamente alla realizzazione dell'evento incivile: persona o denaro o oggetto in particolare. Condotta con un delinquente abituale, che può essere persino armato, l'esecuzione di difesa è da espletare con determinazione. Peraltro, nell'occasione dell'evento inaspettato è da esaminare la circostanza se è il caso di rinunciare a qualche somma di denaro oppure imbattersi in uno scontro che potrebbe causarci qualche nocumento o rispondere con agilità e fermezza tale da far esimere dal prodigarsi della primaria mala condotta.

Bulli casuali

La tipologia di queste aggressioni di solito è eseguita da molti individui. È difficile che un unico bullo aggredisca un'altra persona, poiché le motivazioni del gesto tendono, qualvolta, a risultare superficiali o a mostrare la propria egemonia oppure una minima ruberia. Nel momento in cui l'assalto è operato da molte persone, la situazione diventa critica. Si pensi alla difficile presentazione difensiva con un individuo incivile, figuriamoci con una miriade di persone. Quando si presenta tale circostanza non è consigliabile alcuna reazione, è molto meglio realizzare un clima distensivo, rinunciando alla propria dignità e giostrando al meglio l'evento, anche evitando di far trapelare il personale sgomento. Talvolta, malgrado tutto, non vi è alcuna opportunità se non l'azione di risposta. In simile eventualità è consigliabile individuare chi è a capo della "banda" e convogliare tutte le attenzioni su di esso. Sferrare un'azione dirompente verso il leader con tutta la potenza e determinazione, nella speranza che tale condotta convinca gli altri a desistere.

Persone disadattate o alterate

L'essere disadattati crea comportamenti incontenibili. Questi individui hanno difficoltà nel sostenere una conversazione in maniera naturale oppure tenere una condotta comparabile alla razionalità. Le persone alterate, a causa di un eccesso etilico o per l'uso di sostanze stupefacenti, presentano una condotta negativa ed è possibile che a causa della loro alterazione possono avere dei seri disturbi sulle attività deambulanti, inducendo le altrui persone, in questo modo, ad una reazione fattiva. In caso di persone con patologie mentali si consiglia ipotizzare *tout court* una fuga e, immediatamente dopo, richiedere aiuto.

Tecnica di disimpegno con colpo al mento

3.3. Cause dell'aggressione

Per astio

La virulenza si estrinseca in una forma tale da attribuire ad essa le caratteristiche di sensazioni di impeto, disdegno, acredine e depressione. Lo scagliarsi è caratterizzato da un'atipica atrocità. L'aggressore utilizza parecchia energia corporea per adempiere l'ostilità in misura necessaria ad ottenere il dominio e sottomettere con facilità la probabile vittima.

Per oppressione

L'aggressore cerca di porre la probabile vittima, mediante intimidazioni verbali, con un'arma o forza fisica, in situazioni dalle quali è amletico opporsi od ostacolarlo. Ciò causa nell'aggressore un'emozione portatrice di grandezza e fermezza, finalizzata ad equilibrare le proprie frustrazioni.

Per ferocia

L'aggressore riceve soddisfazione e piacere dall'abuso della sua probabile vittima. Il suo attacco è deliberato, premeditato e calcolato. Per questo tipo d'aggressione, i sentimenti di rabbia e dominazione garantiscono un'intensa gratificazione che si estrinseca nell'offendere, danneggiare ed avvilire la vittima.

Per occasionalità
Una delle ragioni più comuni di un'aggressione è il caso. L'opportunità creata dalla possibilità. Durante il compimento di un altro crimine (furto, rapina, etc.), o il degenerarsi di una lite, si crea l'opportunità di aggredire e il malvivente ne approfitta.

Conseguente a divergenze
È una situazione molto frequente. Una lite iniziata per motivi futili diventa inaspettatamente un'aggressione. Degenera solitamente perché l'aggressore non riesce in nessun altro modo a far valere le proprie ragioni. È sinteticamente un problema di ricorrere ad accordi con la propria dignità; laddove non è all'altezza di spiegare i propri pensieri con i dovuti modi, li realizza chiarendoli con la brutalità.

Per il "Dio" denaro

La circostanza più banale è il furto con destrezza (scippo), anche se in questo frangente non si può dire trattarsi di una vera e propria aggressione.

In questo esempio l'accortezza è direzionata verso l'"oggetto" invece che sulla persona.

Pressione oculare

3.4. Aggressione: Gli espedienti

Gli espedienti più comuni adoperati dagli aggressori sono di varia specie, ma in ogni circostanza i momenti che delineano l'aggressione si identificano in alcune forme particolari.

Valutazione della possibile vittima
La possibile vittima è valutata in genere in base agli scopi individuali dell'aggressore. Questi la può valutare effettuando un preselezione, "studiando la logistica della probabile vittima con molta precisione" o in altri casi puramente in modo causale "scelta per comodità". In ambedue le circostanze, l'aggressore aspetterà il momento più opportuno che la presumibile vittima sia indifesa e/o priva di compagnia.

Aggressione
È l'attimo classico che conduce alla realizzazione della violenza. L'aggressore ha cura di governare l'attenzione della probabile vittima con intimidazioni e potenza fisica. Nella situazione di un'aggressione che ha il solo scopo di estorcere denaro l'aggressore di

solito non ha interesse ad occuparsi della persona poiché il suo bersaglio è completamente diverso; invece, quando non riesce ad ottenere nulla dall'estorsione l'aggressione è centrata sulla probabile vittima. Negli altri casi, non è sicuro che l'aggressione si realizzi subito sul luogo, potrebbe ad esempio accadere che l'area dell'aggressione non è ideale o idonea per portarla a termine e per ciò l'aggressore costringe la probabile vittima a cambiare luogo e farsi seguire in un altro ambiente più sicuro, con l'intimidazione di un'arma. In altre situazioni la probabile vittima è nel momento stesso stupita e travolta.

La liberazione

È la tappa terminale di un'aggressione. È la fase critica di particolare violenza, è il momento in cui l'aggressore decide atti estremi, come ledere ancora di più la vittima nella persona, balenando l'incertezza se liberarla oppure no.

Il sistema di un'aggressione

Le caratteristiche di aggressione sono molteplici, a mano nuda o armati, aggressione facci a facci o da

dietro etc. Se provassimo peraltro di tentare ad elencarne qualcuna tra le più frequenti con l'esclusione dell'impiego di armi, potrebbero essere le seguenti:
- colpi diretti al viso con gli arti superiori;
- colpi diretti all'inguine con gli arti inferiori;
- assalto con bloccaggio alle spalle e/o al collo anteriormente o posteriormente.

I sistemi di percuotere una persona spingono a causare forti dolori che negano o frenano le repliche di difesa, consentendo all'aggressore l'opportunità di muoversi senza alcuna preoccupazione o, peraltro, con superiore comodità. Le mosse alle spalle vengono impegnate per ottenere la sorpresa e sostanzialmente per bloccare quando l'aggressione è realizzata da un gruppo di persone. Un attacco al collo è la tipica presa da aggressione, che facilita l'uso dell'altra mano per ledere con colpi, di continuo, la persona aggredita. Le menzionate metodiche di aggressione si basano molto sulle tecniche di difesa presentate in questo compendio. In merito alle aggressioni per le vie stradali non possiamo non ricordare di quelle realizzate con arma in pugno, che considerata la loro pericolosità devono perentoriamente essere considerate con particolarità specifica.

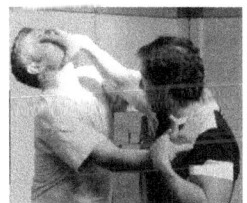

3.5. Area temporale dell'aggressione:
Reazione corporale

Un'aggressione è una prepotenza ed un rischio per chi la riceve. Il fisico della probabile vittima percepisce effettivamente la minaccia, interviene il panico, l'ansia, aumentano i battiti cardiaci, si accentua la diaforesi, i movimenti diventano affannosi, le mani e la voce non si controllano, non si riesce più a ragionare con una certa celerità e raziocinio.

Un'aggressione è una circostanza atroce, critica, spaventosa, improvvisa e ad ogni caso inimmaginabile.

Un'autentica bolgia. Dalla violenza non sfugge alcuno; si provi ad ipotizzare ad uno scippo o un'aggressione con finalità di una rapina; peraltro le aggressioni avvengono in ogni ora del quotidiano e in qualsiasi località. Durante i nostri movimenti quotidiani solitamente pensiamo di poter essere assaliti per cui ci prepariamo, mediante la nostra condotta, ad affrontare l'evento cercando di riportare poche lesioni.

Naturalmente, anche se effettuassimo, con pura somiglianza, in ogni sua autenticità e con tutte le ipotesi attuabili, le modalità, i teatri e gli impeti di un'aggressione, non si riuscirà mai a rappresentarla nel corso di un addestramento, poiché nella vita reale può presentarsi totalmente diversa.

Le diversità che si creano in un'aggressione, nella realtà, sono una moltitudine e derivano di solito da una assortimento di angolazioni:
- teatro attuale;
- l'aggressore;
- teatro dell'aggressione;
- criticità dell'evento;
- la probabile vittima.

Teatro attuale

Nel momento in cui si prospetta l'idea di ricorrere alla difesa personale intendiamo considerare l'opportunità di difenderci accuratamente da un'offesa corporale.

Con ciò si sottintende che il sapere di questi coefficienti caratteristici e con giusti metodi di difesa, si possa configurare l'ipotesi determinante e risolutiva nel fronteggiare la circostanza di un pericolo. Un individuo che, per fare un esempio, si esercita praticando un'arte per la difesa personale o un'attività sportiva riguardante tecniche di lotta, possiamo considerarlo più idoneo ad esporsi e respingere un'aggressione invece che un individuo "casalingo" il quale non ha mai posseduto alcuna dimestichezza al riguardo.

Un'aggressione è un evento sconosciuto e, peraltro, nella maggior parte dei casi, nessuno ha un'esperienza diretta, tranne l'esperienza che si può ottenere da uno studio effettuato in ambienti di simulazione o da un'aggressione subita veramente.

La difesa personale deve essere riferita ad una situazione dalla quale non è possibile uscire se non utilizzando delle azioni nocive nei confronti dell'aggressore. Si deve parlare di un combattimento reale, dove o ci si difende o si è aggrediti.

Posto l'accento sul fatto che l'ambiente reale è completamente diverso rispetto all'ambiente di simulazione, non significa che questo non abbia una sua utilità ed effetto. L'ambiente di simulazione è l'unico luogo dove potersi preparare adeguatamente alla difesa.

In un ambiente di simulazione la tecnica può essere eseguita più volte, ed è possibile commettere degli errori e riprovare fino a che la tecnica non sia corretta e adeguata. Nella realtà, ci sarà data forse un'unica possibilità. Mentre, durante un allenamento, lo stato d'animo è calmo e sereno, non esiste una reale situazione di pericolo, le tecniche una volta apprese e studiate sono spesso eseguite nella loro completezza e con una certa efficacia.

Nella realtà questi presupposti sono mancanti: esiste una reale situazione di pericolo a cui nessuno di noi è abituato, e dove mantenere la calma e la freddezza necessarie ad affrontare il pericolo incombente sarà per alcuni un problema insuperabile.

Nell'allenamento, inseriti, peraltro, in un ambiente di simulazione, i colpi non sono mai portati in tutta la loro efficacia, sono controllati e simulati; viceversa, nella realtà i colpi dovranno essere portati in tutta la loro efficacia perché "devo difendermi davvero". Dobbiamo essere consapevoli che, salvo alcune rare eccezioni, esiste una reale difficoltà di trasferire quanto appreso in simulazione al caso reale.

L'aggressore

È necessario capire e valutare alcuni aspetti dell'aggressore in un tempo limitato, poiché l'aggressore non ci darà molto tempo a disposizione.

Abbiamo a disposizione alcune informazioni concrete e immediatamente disponibili, come ad es. la prestanza del nostro aggressore, il suo grado d'eccitazione, l'eventuale arma che dispone, e informazioni più latenti che dovranno essere cercate indagando nei suoi gesti e nei suoi atteggiamenti scaturenti dalle sue motivazioni. Orbene a nostra difesa, quando possibile, dovrà essere misurata tenendo conto di questi fattori.

L'ambiente dell'aggressione

L'ambiente, anch'esso, ha la sua importanza nella difesa.

In un ambiente aperto ci possono essere varie difficoltà sia questo un prato, una strada deserta, un vicolo cieco, un bosco, etc.

Ci sono ambienti dove è possibile chiedere aiuto e altri dove questa opportunità non ci è concessa.

Nell'uno o nell'altro caso il nostro comportamento deve essere sempre adeguato.

Il grado di criticità dell'aggressione

Le aggressioni possono essere di vario genere.

Si passa dalle aggressioni paraverbali, semplici offese o parole pesanti dette con molta enfasi, fino ad un'aggressione che porta ad un profilo negativo della vittima. Qualunque essa sia, la risposta deve essere eseguita immediatamente prima che l'aggressione arrivi ad uno stadio tale in cui nessun intervento difensivo sia possibile effettuare.

La risposta, come già rilevato, può essere semplicemente quella di evitare qualsiasi scontro e scappare velocemente, magari chiedendo aiuto ad alta voce o urlando; comunque non necessariamente la risposta deve essere violenta.

Possiamo difenderci da un'aggressione con diversi criteri:

- controllare le azioni dell'aggressore, scoraggiandolo a proseguire la sua intenzione senza colpirlo. Ad esempio: attraverso degli squilibri, delle spazzate o, meglio, con un atteggiamento di si-

curezza che induca l'aggressore ad abbandonare le proprie intenzioni;
- intervenire sull'aggressore ferendolo senza mettere la sua vita in pericolo. Queste azioni già molto cruente devono essere eseguite quando l'aggressore non ha l'intenzione di desistere ed è intenzionato a proseguire la sua azione violenta. Si possono in questo caso eseguire delle rotture o dei colpi di una certa entità;
- intervenire sull'aggressore ferendolo gravemente senza curarsi delle conseguenze. Questo stadio è il più cruento e si concretizza quando ci sono aggressioni a mano armata o con diversi avversari e, quando, è minacciata la nostra incolumità o addirittura la nostra vita.

La probabile vittima

Alcune aggressioni non nascono intenzionalmente, ma diventano tali a seguito della lite che si genera fra i due contendenti. Un'eccessiva sicurezza personale potrebbe in questo caso evitare di scegliere strade di minor resistenza, come ad esempio la ragionevolezza necessaria per abbandonare il contrasto.

La probabile vittima è posta nella fase iniziale dell'aggressione in una situazione di difficoltà, dalla quale è necessario uscire nel più breve tempo possibile.

Non sempre è possibile difendersi da un attacco, ma è necessario sempre provarci. Valutato il tipo di aggressore, di aggressione, di ambiente, si deve cercare la risposta più appropriata e più efficace ricordandosi che ogni difesa deve essere proporzionata all'attacco ricevuto.

Liberazione da strangolamento

4. IL DOMINIO DELLE EMOZIONI

Nel momento di un'aggressione, la probabile vittima non è puntualmente nella capacità di adottare la condotta più idonea, al contrario, in parecchie circostanze il comportamento è istintivo ed irrazionale.

La fetta più difficile da gestire concerne il dominio delle proprie emozioni in una circostanza di panico.

In condizioni di benessere l'organismo si trova in uno stato definito di equilibrio omeostatico in cui le risposte concrete si posizionano il più vicino possibile ad una condizione ideale. Peraltro, un fattore stressante è ogni evento (interno o esterno) capace di destabilizzare il grado di equilibrio omeostatico, mentre la risposta allo stress è il complesso degli assestamenti individuali, fisiologici, emozionali e psicologici volti a ripristinare l'equilibrio perduto. Un attacco incivile è un avvenimento critico da contenere addirittura per persone che sono molto pratiche nei metodi di difesa personale.

La risposta dello stress permette al corpo sano di fronteggiare minacce immediate avvertite come destabilizzanti del proprio equilibrio omeostatico.

In sostanza questa risposta prepara a "combattere o fuggire" di fronte ad un pericolo.

L'innesco della reazione di stress avviene in seguito all'esposizione a stimoli che possono rivestire il significato di fattori stressanti.

Tale proprietà viene tuttavia imposta, nella maggior parte dei casi, dal significato che lo stimolo assume da ognuno di noi.

La risposta stressante è peraltro controllata da almeno due categorie di elementi che sono: il tipo di evento da affrontare (l'entità oggettiva dell'impulso) ed il valore che l'impulso assume per ogni individuo.

A proposito della decisione da assumere, la probabile vittima deve cercare di avere una panoramica sulla specificità dell'aggressore (nel caso di attacco frontale), le condizioni, i dettagli dell'ambiente, la disposizione in linea generale e le proprie abilità personali.

Queste fattività hanno una criticità insita, per cui si devono sostenere con un clima molto calmo e ragionevolezza.

Lo stress dell'evento ed il panico, portano in evidenza due alternative condizioni di condotta:
- frenare ogni probabile reazione;
- replicare in modo anomalo in attinenza alle circostanze reali.

La gestione dell'evento con comportamenti normali e razionali dipende dalla competenza e cultura.

Un'aggressione altera decisamente uno stato di benessere, accentuando celermente una stato di criticità.

Pertanto, più che la natura oggettiva degli istinti in sè, è il senso che l'individuo attribuisce a tali stimoli a determinare la qualità della risposta e la tipologia delle emozioni.

Il dominio delle emozioni è stato, nel linguaggio tecnico, definito *coping*, ovvero, la capacità di far fronte e di gestire le presentazioni dell'area nell'attimo dell'aggressione.

Nello stadio di risposta inconsulta, le condotte saranno le seguenti:

- l'allontanamento immediato ed inconscio, dove la percezione di panico domina sulla ragionevolezza;
- l'immobilità da panico della globalizzazione dell'impegno motorio;
- la lotta inconsulta, mediante condotte irrazionali e frenetiche o, peraltro, abnormi all'aggressione stessa.

Al cardine della valutazione emotiva dell'evento, segue quello di *coping* ovvero lo sforzo intellettivo e comportamentale che la persona attiva per affrontare l'evento stressante.

Le varie iniziative di *coping* possono essere indirizzate a definire l'evento, ad evitarlo o gestirne la reazione emotiva. Peraltro, in una difesa motivata e sensata, si ottiene un risultato di legame costruttivo.

Il fuggire è motivato e mira alla reale sicurezza della propria vita, per cui la tutela diviene coerente e doverosa.

Tale condotta trova il fondamento, nella rassegnazione all'aggressione, mentre in realtà ogni altra alternativa sarebbe frutto di un errore di attribuzione per cui la sola strada da intraprendere è quella della sicurezza della propria vita. La migliore soluzione per eludere ogni rischio è quello di scampare ai problemi, invece che tentare ad uscirne in un frangente successivo.

Le dimensioni psicologiche dell'autostima, nel senso di autoefficacia e della capacità di controllo sugli accadimenti o di fiducia nelle proprie abilità, sono state definite con l'espressione di *coping*.

Realizzare tale comportamento denota di possedere un grande spirito di coscienza e una padronanza a cambiare la propria condotta, nei confronti del luogo e sui probabili rischi collegati all'aggressione. Chi è ottimista ha una migliore ricettività ai segnali che provengono dal corpo e dall'ambiente codificando i segnali d'allarme che denotano un eccesso di impegno e capacità.

Tale atteggiamento ha una funzione molto importante nella gestione e regolazione dell'emozioni, in quanto favorisce il senso del controllo sugli accadimenti, riduce la sensazione di essere delle probabili vittime e agisce sulla proprietà di governare le reazioni emotive.

La fiducia suscitata dalla sensazione ottimistica determina l'adozione di condotte più efficaci ed indirizzati al raggiungimento degli obiettivi più significativi in ogni ambito della propria vita. Nelle filosofie del *coping* l'essere ottimisti esercita una particolare funzione di rilievo; peraltro, esistono delle disuguaglianze caratteristiche tra ottimisti e pessimisti.

Gli ottimisti, nell'affrontare le avversità (*coping* attivo), dimostrano un maggior controllo di sé e delle proprie emozioni e sono più pronti ad elaborare dei piani, anche alternativi, per raggiungere lo scopo desiderato.

Riescono, se è opportuno, a rivedere la priorità dei loro scopi, si dimostrano più flessibili e più aderenti alla realtà della situazione.

Possono scegliere tra diverse strategie di *coping*, si dimostrano attivi nella comprensione del problema e cercano di cogliere gli aspetti favorevoli della situazione lasciando sullo sfondo quelli negativi.

Fanno maggior ricorso a una modalità costruttiva di pensiero nell'attribuzione dei significati e nell'individuazione di soluzioni alternative; in tal modo riescono a contenere l'ansia e altre reazioni emotive negative, come la preoccupazione, la rassegnazione, l'impotenza e la depressione.

Per contro i pessimisti di fronte alle avversità dimostrano un atteggiamento più rassegnato, d'impotenza e più passivo (*coping* passivo), senza alcuna volontà di approfondimento del problema o di elaborare dei piani alternativi.

Spesso sono preda di idee fisse e catastrofiche, sembrano incapaci di elaborare previsioni positive seguono in modo stabile e ripetitivo gli stessi percorsi.

Inoltre usano spesso lamentarsi e manifestare reazioni ansiose e depressive.

A fronte di una inefficace capacità di controllo fanno spesso ricorso a sogni ad occhi aperti e a fantasticherie; più che affrontare i problemi cercano di evitarli. Infine, mentre le persone ottimiste presentano un basso livello di ostilità e risentimento, i pessimisti nutrono frequentemente desideri di vendetta e ritorsione ed un basso livello generale di tolleranza.

L'interesse primario, lo scopo prefissato, è la propria salvezza e la preservazione della propria vita. Questa va tutelata continuamente, anche accettando di patire un'aggressione o una brutalità.

Non è consigliabile una reazione contro colui che ha il solo scopo di impadronirsi del nostro portamonete.

Presa da dietro

5. ANTIAGGRESSIONE FEMMINILE

Ogni giorno in tutto il mondo siamo testimoni di brutali violenze contro le donne.

Il Krav Maga aiuta a sviluppare un metodo unico per insegnare la difesa personale alle donne, basato sulla completa conoscenza delle abilità fisiche femminili.

Si apprende di evitare situazioni violente, a difendersi dalle probabili aggressioni ed a sopportare situazioni di stress negativi.

Tale metodo di antiaggressione femminile è rivolto a donne di qualsiasi età; non è né corso di fitness né di preparazione atletica.

Il lavoro fisico è stato studiato per poter essere affrontato senza difficoltà da chiunque, **indipendentemente dall'età, grado di allenamento e struttura fisica.**

Il programma affronta ogni aspetto della sicurezza.

L'arma numero uno è quella che permette di evitare l'aggressione: la prevenzione.

Vengono analizzate le varie situazioni di rischio, somministrati vari consigli su come comportarsi in auto, in treno, a piedi, etc.

Peraltro, si prendono in considerazione pregi e difetti delle "armi occasionali" e degli strumenti difensivi che si possono avere sempre a disposizione chiavi, portachiavi (il famoso Kubotan), spazzole, penne a sfera, bombolette-spray. Viene data grande importanza ai "confini personali" e al linguaggio del corpo.

Si indottrina ad esercitare il colpo d'occhio, i riflessi istintivi e l'osservazione periferica.

Si tende ad esercitare, peraltro, lo sviluppo di una mentalità difensiva che porterà con sé per tutto il resto della vita.

Se, nonostante la prevenzione, il pericolo si presentasse, allora, si passa alla "difesa paraverbale".

In questa fase si insegna ad **affrontare il confronto paraverbale con l'ipotetico aggressore.**

Impariamo ad assumere una "postura di avvertimento" che unita alla difesa paraverbale può scoraggiare l'aggressore a mettere in atto le sue intenzioni.

Nel caso l'aggressore non dovesse fermarsi viene attuato il passo successivo: la "difesa fisica".

Partendo dalla postura eretta, si apprendono alcuni colpi, molto semplici ed efficaci, con le mani, i gomiti e le ginocchia.

L'estremo strumento a disposizione è la "difesa fisica a terra".

Calci a vari bersagli del corpo dell'aggressore, che si può trovare in piedi o a terra.

Acquisizione di una buona familiarità col movimento al suolo, utile per togliersi di dosso l'aggressore e spostarsi rapidamente verso una via di fuga.

Tutto questo è contenuto nel programma di tecniche antistupro, che insegnano **come reagire e rovesciare la situazione, a proprio vantaggio, quando l'aggressore si trova a terra a stretto contatto fisico.**

Per questa tecnica viene dato ampio spettro.

In un'aggressione ci sono altissime possibilità che la donna venga spinta o trascinata a terra.

Si impara a gestire anche una situazione di così alta difficoltà.

I principi guida sono **la determinazione a non essere una probabile vittima, l'immediatezza e la semplicità della reazione**.

Nella semplicità risiede l'efficacia.

Non vengono insegnati pugni né calci teatrali ed ognuno è in grado fin dalle prime lezioni di imparare e ripetere le varie tecniche.

Le tecniche imparate nel livello base vengono provate durante delle simulazioni di aggressione sotto effetto adrenalinico, fondamentali per imparare a gestire le reazioni sotto stress emotivo. Nel corso di livello avanzato si affrontano temi più complessi come situazioni con più aggressori, minaccia con arma da taglio, simulazioni di livelli di difficoltà maggiori.

Tutto questo bagaglio permetterà di sviluppare una mentalità difensiva, che una volta acquisita, la donna porterà con sé per sempre.

Colpo ai genitali

6. TIPOLOGIA DEGLI STUPRATORI

Stupratore per "compensazione"
È il meno violento ed aggressivo.
Generalmente, è un soggetto scarsamente dotato di competenze sociali, con un senso di autostima estremamente basso e prova sentimenti di inadeguatezza.

Stupratore per "rabbia"
È un aggressore piuttosto violento e socialmente repellente. Lo scopo principale di questo soggetto è "far male alle donne" e, nelle sue fantasie, vorrebbe violentare tutte le donne del mondo per far pagare a tutto il genere femminile le ingiustizie, vere o presunte, che crede di aver ricevuto dalle donne nel corso della sua vita.

Stupratore per "potere"

Per questo tipo di soggetto, lo stupro rappresenta uno degli strumenti migliori per manifestare la propria virilità ed il dominio su di un'altra persona. È un individuo che prova un senso di superiorità molto forte semplicemente perché è un uomo e stupra perché è convinto che si tratti di un diritto connaturato all'uomo nei confronti delle donne. Lo stupro non è soltanto un atto sessuale, ma è un'azione impulsiva predatoria. Il livello di aggressività molto alto, impiegato nell'approccio alla vittima, ha lo scopo di garantirsi la completa sottomissione della vittima. Il violentatore è completamente indifferente al benessere della donna che ha attaccato: lei è ai suoi ordini e deve fare tutto quello che lui desidera.

Stupratore per "sadismo"

Si tratta del soggetto più pericoloso e il suo obiettivo principale è di esprimere nella realtà le sue fantasie aggressive e sessuali. Desidera infliggere dolore fisico e psicologico alla sua vittima. Un elevato numero di questi stupratori rientrano in una diagnosi di "disturbo antisociale di personalità" e sono abbastanza aggressivi anche durante le normali attività quotidiane, soprattutto se vengono criticati oppure se le loro richieste di soddisfazione personale sono posticipate. Nella mente di questo stupratore, esiste una connessione diretta fra aggressione e gratificazione sessuale, perché la violenza ha acquisito un significato erotico.

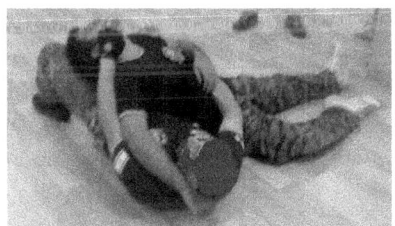

7. ISTRUZIONI FONDAMENTALI

Evitare il combattimento (quando è possibile)

In un compendio rivolto ad approfondire metodi di difesa personale appare superfluo proferire ripetutamente il modo di eludere l'evento del contatto, ma è basilare ricordare che nel corso di un combattimento è categorico riportare contusioni fisiche e psicologiche.

Bisogna evitare l'evento in tutte le maniere. Peraltro, un impatto del genere ci porta a comprendere che riporteremo inevitabilmente alcune escoriazioni e ciò deve essere impedito.

Ragioniamo in anticipo

Parecchie sono le eventualità che ogni giorno si possono avere per giungere ad un litigio.

Si pensi a quante volte durante la guida di un auto ci troviamo nella situazione di litigare.

Bisogna cercare con il buon senso di evitare tutte le possibili occasioni di contrasto, tenendo a mente che è coraggioso colui che evita lo scontro e non colui che lo provoca. Quest'ultimo è un incosciente.

Eludere l'evento con scarse possibilità di governarlo

Quando si è esposti ad una possibile aggressione siamo pressappoco in una situazione di difficile governabilità. Infatti, è difficile governare una rissa o un'area enfatica con una moltitudine di persone.

Possiamo essere i migliori nell'arte della difesa, ma contro parecchi avversari è chimerico riuscire ad rimanere illesi.

È indispensabile usare delle precauzioni personali, perché si suol dire, più la prudenza è molta, maggiori sono le possibilità di non essere affrontati.

Aggirate aree isolate e con scarsa illuminazione

Le aggressioni hanno in comune un fattore a loro favorevole: l'oscurità.

Gli ambienti appartati e con scarsa visibilità più facilmente danno adito a tali eventi criminosi.

La scarsa frequentazione di persone in un'area e/o in una fascia oraria giornaliera notturna favoriscono tali opportunità.

È consigliabile non frequentare mai, da soli, simili ambienti e se dovessimo essere costretti, per un motivo qualsiasi, nell'obbligatorietà a trovarci in tale situazione, bisogna stare vigili per avvertire ogni minimo segnale di avversità.

Posizionarsi sempre, con attenzione al territorio, in una collocazione di favore. L'ubicazione di favore consente una superiore possibilità di venire fuori dalle aggressioni.

Per collocazione di favore si intende posizionarsi sempre con la fonte di luce alle spalle oppure mantenere le spalle protette dal muro oppure porsi in una condizione più alta rispetto all'aggressore o ancora meglio cercare celermente qualcosa che possa essere vantaggiosa per difenderci e di riflesso centrare l'aggressore.

Self-control

Nel momento che si presenta la circostanza di un'aggressione alcun individuo riesce a governare il proprio controllo e per di più si nota.

L'autocontrollo si impara durante gli addestramenti e dall'acquisizione più completa della determinazione, che l'allenamento concede per fronteggiare l'aggressione che conosciamo con certezza causerà al minimo delle escoriazioni se non poco di più serio.

Il self-control è l'attributo principe per ottenere una situazione di calma nella contesa o anche nella situazione più lontana replicare con efficacia, decisione e proprietà di azione.

Cautela e diffidenza

Nel momento in cui si è consapevoli che il campo dello scontro non è favorevole anzi pernicioso bisogna attuare una singolare cautela e diffidenza. Perciò esaminare ogni angolazione e realizzato che quella situazione potrebbe crearci delle difficoltà, aumentare celermente la proattività.

Di solito, peraltro, non sempre queste capacità si posseggono per cui si è costretti a dover approfondire tali circostanze a dir poco piacevoli in quanto non abbiamo attuato la dovuta attenzione.

Certamente, non è possibile poter effettuare tale proattività in ogni momento della quotidianità, però in alcuni casi probabilmente sarebbe opportuno desistere dalla sicurezza in possesso a beneficio di un'abbondante ponderatezza.

Esempio tipico, quando si è soli in casa non aprire a chi non conosci perfettamente, o anche non dare alcuna spiegazione al telefono agli sconosciuti.

Altro classico esempio è quello di istruire il bambino a rispondere, anche se fosse l'unico in casa, che i propri genitori stanno riposando ed impossibilitati a comunicare al telefono.

Altro esempio, evitiamo di lasciare l'autovettura in posti isolati o con scarsa illuminazione.

In conclusione, se obbligati a reagire, eseguire le tecniche alla massima celerità ed incisività in modo tale da non lasciare spazio ad una replica dell'aggressore

Nella fatalità di dover obbligatoriamente confrontarsi con l'aggressore bisogna far ricorso ad una tecnica che possa realizzare una efficace esclusione di replica da parte dello sprovveduto individuo.

È sicuramente meglio ed efficace che a colpire per primi evita ogni eventuale risposta o iniziativa prefissata dall'aggressore.

Certamente, non è semplice eseguire tale operazione, ma considerato che la controparte non ci replicherà alcuna cortesia è sempre opportuno attuarla.

Nel momento che si è presa la decisione di eseguire una tecnica, individuare i bersagli che ci aiuteranno ad allontanarci dalla sgradevole aggressione

È consigliabile eseguire una tecnica che ci consenta di cogliere i punti cruciali della figura dell'aggressore perché ciò ci aiuterà ad arrecare maggior disagio all'aggressore stesso ed inoltre ci consentirà allontanarci alla svelta guadagnando parecchi metri di distanza dall'aggressione.

Le zone di repere interessate sono individualizzate negli occhi, nella gola e nell'inguine.

Adoperare i metodi di difesa realmente e per creare sofferenza

Una delle tante regole educative ricevute in famiglia è rispettare il prossimo e non avere alcun timore e diffidenza verso gli altri; al contrario, riservare ai nostri simili una cordiale intesa ed una concreta stima.

Peraltro, nel momento di un'aggressione tali sentimenti ed inclinazioni autentici vengono a cessare, e la lotta per la sopravvivenza, "morte tua vita mea", innata nella nostra psiche, ci induce a comunicare al latore dell'evento incivile un nocumento convincente alfine di farlo desistere.

In caso contrario la situazione si potrebbe capovolgere, e nonostante aver lottato, subire l'aggressione con ogni conseguenza possibile ed immaginabile.

La ricerca minuziosa e capillare é nell'indirizzare alcuni colpi nei siti più deboli, e facilmente raggiungibili, come ad esempio gli occhi, la gola e l'inguine.

Si colpisce in questi punti poiché chi non ha la visuale non può rendersi conto della situazione, e la stessa cosa se non dovesse respirare o è chinato perché dolorante. Giunti in questa fase l'allontanamento è consigliato, avviare la procedura di aiuto e realizzare accuratamente la fuoriuscita dall'evento incivile.

L'utilizzo dei metodi: facili ed incisivi

Un vero scontro è rappresentativamente disuguale da uno scontro agonistico. Disuguali sono gli scopi ed anche i metodi di indottrinamento.

Infatti, in uno scontro agonistico qualche colpo è penalizzato, mentre altri più affascinanti vengono gratificati con premi.

All'inverso, in una circostanza oggettiva, il vero scontro verrà assolutamente articolato con colpi e metodi accurati, facili ed incisivi.

Casi in cui dobbiamo appropriarci di qualche oggetto che ci possa essere di aiuto nel sbrogliare il rischio dell'evento incivile

Un aggressore armato è certamente molto più pericoloso di un individuo senza armi. Certi che nessun individuo che rientri nella normalità transiti per strada armato, in caso di aggressioni le sole armi certe che cercheremo devono far parte dell'area circostante l'evento incivile.

Ogni cosa che riteniamo sia utile per ottenere con successo una controffensiva diviene un beneficio: una pietra, un pezzo di legno o di altro tipo, l'essenziale è rendersi conto di tale opportunità ed in quel caso acquisirla ed indirizzarla verso l'aggressore senza rifletterci molto.

Non sentirsi, anche se esperti, al disopra delle situazioni: i limiti esistono anche per persone molto allenate

Ci sono molte fasi tipiche di una preparazione atletica personale mirata alla difesa.

La prima sicuramente è pervasa da una forte sensazione d'inadeguatezza: nessuna tecnica riesce correttamente e siamo certi che non saremmo in grado di applicarla nella realtà.

Una fase di consapevolezza, che solitamente è patrimonio di esperti, dove si è forti delle proprie conoscenze, che ci permettono di avere ben chiaro cosa vuol dire affrontare un avversario.

La fase che, invece, può essere considerata più pericolosa è quella intermedia dove l'esperienza è approssimativa, ma ci rende certi di essere al contrario molto esperti.

Questa fase è pericolosa perché meno delle altre ci permette di evitare un combattimento, anzi in alcuni casi, lo alimenta.

Il combattimento deve essere sistematicamente evitato.

Non esistono regole specifiche sul comportamento da tenere in uno scontro per evitare una colluttazione.

In alcuni casi non è di nessuna utilità, perché l'aggressore ha ben chiaro in mente cosa fare e quando farlo.

È però ragionevole pensare che non tutte le aggressioni avvengono con premeditazione, molte sono scatenate da una serie di comportamenti che i litiganti tengono durante la fase iniziale.

Il nostro fine è di evitare, assolutamente, l'aggressione, non dimostrare che siamo più forti del nostro aggressore. Un atteggiamento conciliante, ma non remissivo, forte, ma non violento, una voce calma, ma non tremolante, può fare molto di più che una mera esibizione della propria muscolatura e delle proprie capacità tecniche.

Consegna attestati di partecipazione Stage. Rubiera (RE)

Corso di Krav Maga
presso il
Circolo Sportivo Empire di Roma

Appendice

CODICE DI MORALITÀ[2]

Prometto di seguire con responsabilità quanto menzionato nel seguente Codice Morale e mostrerò di essere:
- onesto;
- non aggressivo;
- umile;
- rispettoso verso gli istruttori ed i miei colleghi.

Inoltre, prometto di eseguire le tecniche del Krav Maga solamente nel periodo delle lezioni o unicamente per difendere la mia incolumità fisica e/o quella dei miei amici e parenti.

In Fede

---

[2] Cercherò di essere così buono, che non avrò bisogno di uccidere."
Foto e Codice di moralità wikipedia

Rappresentante IPDS (Italia) ed il Pres. dell'I.K.A. - International Kapap Association (Israele) Master Teacher Moshe Galisko.

Imre Emerich Lichtenfeld

Biografie

Rossella PESCANTE

Ha conseguito, presso l'Università degli Studi di Roma "LA SAPIENZA" la laurea di dottore in Medicina e Chirurgia, discutendo la tesi sperimentale dal titolo: "L'emodiluizione acuta e frazionata preoperatoria" avendo come relatore il Prof. Rocco CATALANO. Inoltre, sempre presso l'Università degli Studi di Roma "LA SAPIENZA", ha conseguito il diploma di Specializzazione in Medicina dello Sport, discutendo la tesi dal titolo: "Valutazione della fase di accelerazione del bob, attraverso la misura dell'azione di spinta esercitata dagli atleti", avendo come relatore il Prof. Antonio DAL MONTE e successivamente, presso l'Università degli Studi di Chieti "G.D'Annunzio" ha conseguito il diploma di specializzazione in Ortopedia e Traumatologia, discutendo la tesi dal titolo: "Il trattamento del morbo di Kiemboek o malacia del semilunare", avendo come relatore il Prof. C.A. ORSO. Esercita la propria professione di Ortopedico presso l'Osp.le Sant'Eugenio di Roma.

Katia VELLUCCI

Ricopre la carica di Vice Presidente dell'A.s.d. "Israeli Personal Defence School", I.P.D.S., ed laureata in Pedagogia è docente presso una scuola secondaria di primo grado di Roma. Unitamente alla dr.ssa Rossella Pescante ha elaborato questo splendido compendio.

Sito internet

http://www.ipds.it
e-mail: ipdsitalia@gmail.com

Consegna diplomi presso una sede tecnica

Finito di stampare
nel mese di ottobre 2012
BookSprint Edizioni
www.booksprintedizioni.it

www.ingramcontent.com/pod-product-compliance
Lightning Source LLC
Chambersburg PA
CBHW071739040426
42446CB00012B/2395